¿CÓMO RECORDAR LA SED?

¿CÓMO RECORDAR LA SED?

Ensayo sobre el tiempo,
la historia y sus escombros

Nona Fernández

acc

ISBN: 978-1-4696-9630-0 (paperback)
ISBN: 978-1-4696-9631-7 (EPUB ebook)
ISBN: 978-1-4696-9632-4 (PDF ebook)

For product safety concerns under the European Union's General
Product Safety Regulation (EU GPSR), please contact
gpsr@mare-nostrum.co.uk or write to the University of North
Carolina Press and Mare Nostrum Group B.V., Mauritskade 21D,
1091 GC Amsterdam, The Netherlands.

This is a publication of the Department of World Languages
and Literatures at North Carolina State University. For more
information visit http://go.ncsu.edu/editorialacc.
This edition available only in the United States.

Distributed by the University of North Carolina Press
www.uncpress.org

Para Pancho Medina Donoso,
que también conversa con los escombros.

Ponencia realizada por Nona Fernández en la Feria del Libro de Buenos Aires, Argentina, en mayo de 2023. Al momento de entrar a imprenta, también ha sido leída en la Feria del Libro, Santiago de Chile, en junio de 2023, y en Princeton University, New Jersey, Estados Unidos, en octubre de 2023.

No recordamos,
reescribimos la memoria
como se reescribe la historia.
¿Cómo recordar la sed?

Chris Marker, *Sans Soleil*

¿Cómo se escribe la historia?

¿Dónde comienza y dónde termina?

¿Qué es primero y qué después?

¿Es posible elegir un inicio?

1

HACE CINCUENTA AÑOS, el 11 de septiembre de 1973, a eso del mediodía, una cámara o, es probable, varias cámaras, desde diversos ángulos del corazón de Santiago de Chile, captaron esta imagen.

Sé que no tengo que explicarla ni presentarla, pero últimamente desconfío de la pregnancia de esta imagen en el recuerdo de mi país. Cierta tendencia a desenfocarla, a bajarle el volumen, a restarle protagonismo, me hace creer que no está de más recordarles, a quienes tienden al olvido, que lo que vemos aquí es el palacio de gobierno de Chile bombardeado por su propio ejército, con el patrocinio de la élite económica, de la derecha política y de la CIA.

La Moneda, nombre curioso para una casa de gobierno, fue incendiada y destruida después de albergar a veintitrés presidentes de la República y de haber permanecido en pie durante siglos de historia. El ataque parece haber sido de carácter simbólico, dirigido al edificio y no a quienes se encontraban en su interior. De hecho, si el efecto del ataque se mide en el costo de vidas humanas, habría que decir que su efectividad fue nula. Los dos muertos que hubo ese día en La Moneda, el periodista Augusto Olivares Becerra y el presidente Salvador Allende Gossens, se suicidaron.

La destrucción de este cuerpo arquitectónico fue el preámbulo de lo que sucedería a lo largo de los siguientes años con otros cuerpos, otros edificios, otras arquitecturas de pensamiento, de acción y relación. Esta imagen quedó grabada en el inconsciente de toda una generación como la primera huella del brutal cambio que sufriría la vida del país. La Moneda se mantuvo durante años así, de forma similar a como quedó ese día. Silente, humeante, quebrada, espectral.

La ciudadanía, en su tránsito diario, pudo ver en el corazón de la capital del país ese cadáver expuesto como una advertencia, como una cruel promesa.

Tengo cincuenta y dos años y, si bien la historia no se trata de mí (ojo, nunca se trata de mí), debo decir que prácticamente tengo la misma edad de esta fotografía. ¿Qué significa eso? No lo sé, pero en esta imagen mi presente se ha visto atrapado. Ante esta imagen no dejamos de reconfigurarnos, una y otra vez. Es por eso que, si debo pensar dónde comienza una historia, diría que, por lo menos la mía y la de toda mi generación, comienza aquí.

¿ Existe un antes de la historia?
Y ese antes, ¿ tendría su propia historia?
¿ Dónde comienza y dónde termina el antes de la historia?
¿ Qué es primero y qué después?

2

A POCAS HORAS DEL BOMBARDEO a La Moneda lle-
gó a Televisión Nacional de Chile, el canal público de mi
país, la instrucción de destruir todas las imágenes en
las que aparecieran personeros o simpatizantes de la
Unidad Popular. Los militares cerraron el canal durante tres días para tomar su control definitivo y vigilar el
cumplimiento de sus mandatos. Amira Arratia, una joven de veinte años que llevaba trabajando en TVN unos
pocos meses, fue quien recibió la instrucción: las cintas
que contuvieran imágenes de Pablo Neruda, Víctor Jara,
Salvador Allende y muchos otras y otros personajes de
la cultura y la política, debían *desaparecer*.

Amira, a sus veinte años, ya comprendía el valor de
la imagen y el archivo en la configuración de una historia. Destruir esas cintas, pensó, así como se destruyó
La Moneda, era destruir un pedazo de la memoria del
país. Y sin decir nada, sin contravenir, aparentemente,
las órdenes militares, decidió que sólo eliminaría las fi-
chas con la información de las cintas, pero no las cintas.
Al no existir instrucciones para llegar hasta ellas, no

habría manera de encontrarlas. Quedarían en un limbo, en una zona intermedia sin acceso posible. Sólo Amira conocería el camino para llegar a esas imágenes prohibidas cuando fuera el tiempo adecuado para hacerlo. Así, las cintas nunca fueron sacadas de TVN. Fueron escondidas.

Lo que acabo de contar es parte de un reportaje televisivo que vi hace unos meses. La historia de Amira y el rescate de los archivos es conocida, pero lo que yo desconocía por completo eran las imágenes de esos archivos rescatados. La Amira de hoy, de alrededor de setenta años, habla a la cámara y dice que las instrucciones recibidas le fueron imposibles de ejecutar. ¿Cómo borrar, por ejemplo, el programa en el que se transmitió la ceremonia de entrega del Nobel a Pablo Neruda? ¿O la noticia que cubrió el momento en el que Salvador Allende fue nombrado presidente de la República por el Congreso Nacional? Y yo, a mis cincuenta y dos años, cazadora obsesiva de estas imágenes, las vi por primera vez.

Neruda discurseando desde Suecia en la pantalla de mi televisor. Neruda en una entrevista exclusiva por el Nobel, organizada por el periodista Augusto Olivares, con Gabriel García Márquez. Víctor Jara paseando por los pasillos del canal, trabajando en la característica cortina musical que alguna vez tuvo TVN. Allende entrando al Palacio de la Moneda para comenzar su gobierno.

Todo ahí, del otro lado del vidrio, al alcance de la mano, con formato televisivo, con la voz de los locutores, con los logos del canal, con el diseño de una transmisión, con la familiaridad que entrega la pantalla del televisor, que habita cada una de nuestras casas, como una prueba de realidad.

Lo que vi no eran los fantasmas silentes, quebrados, humeantes, espectrales que heredé. Eran imágenes llenas de pasión y vida, que alguna vez estuvieron instaladas en el corazón de los hogares del país. Y yo, a mis cincuenta y dos años, vi esos archivos del antes de la historia y caí ingenuamente en cuenta de cuánta memoria nos habían robado.

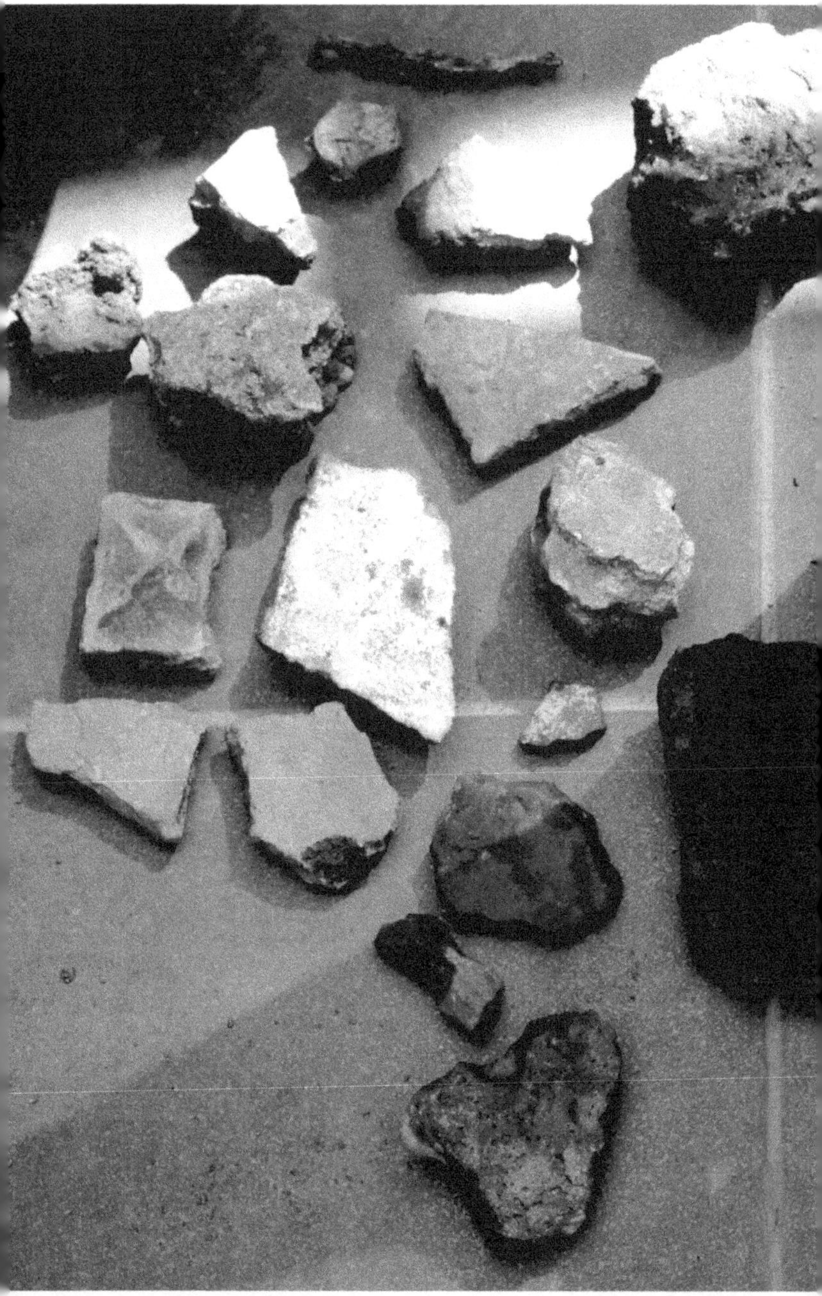

¿ Cómo se escribe la historia?

¿ Cómo se organizan sus imágenes?

¿ Cómo decidir cuáles deben participar?

-1

El doctor Arturo Jirón, ex ministro de Salud y médico personal del presidente Allende, salía con sus hijos al colegio, cuando lo llamaron muy temprano desde La Moneda. La solicitud fue que se presentara lo antes posible en el palacio. Era la mañana del 11 de septiembre de 1973 y el doctor se despidió de su familia para acudir al llamado. Cuando llegó a la casa de gobierno, la encontró completamente cercada por Carabineros, pero presentando sus credenciales, consiguió entrar. Cruzó el umbral de la puerta de Morandé 80, como siempre hacía, y caminó con rapidez por los patios y pasillos del edificio. Estos dos hechos encadenados, son los últimos que siguen un orden temporal en la memoria del doctor. De ahí en adelante los recuerdos giran sin lugar ni jerarquía.

Una imagen que se repite es la de Augusto Olivares muriendo sobre sus piernas. El periodista y director de Prensa de TVN también había acudido esa mañana. El doctor estaba en el segundo piso cuando le avisaron que el Perro Olivares, así le decían, se había pegado un tiro.

Junto a otros dos doctores, Jirón corrió a su encuentro. Lo que hallaron sobre una silla fue el cuerpo del periodista con un disparo en la sien derecha. Aún respiraba. Entre los tres intentaron recuperarlo, pero ya no había nada que hacer. El doctor Jirón puso la cabeza de Olivares sobre sus propias piernas y lo acompañó hasta que sus pulmones dejaron de respirar. Una mancha en su camisa, con la sangre de Augusto Olivares, lo acompañó toda la jornada.

En algún momento comenzó el ataque terrestre a La Moneda. Puede haber sido antes o después de la muerte del Perro. No lo recuerda.

En otro momento indeterminado, Allende dio su último discurso a través de la radio Magallanes.

El teléfono suena en el salón presidencial. El presidente espera esa llamada. Los ha reunido a todos para que sean testigos de lo que dirá. El doctor recuerda mucha gente en el salón, la mayoría de pie, algunos pocos sentados. El presidente contesta el teléfono y comienza a pronunciar las palabras que configurarán su testamento político. No hay papel, no hay nada escrito, sólo un hombre extraordinariamente entero hablándole, a través del teléfono, a la historia. Suspendiéndola para que, fuera lo que fuera lo que estaba ocurriendo, no se entendiera como un final. Habría un después, eso dejaba entrever en sus palabras. Y en ese después, lo sabemos, aún lo esperamos, se abrirán las grandes alamedas.

El doctor Jirón tiene en su memoria la imagen del salón Toesca del palacio presidencial. Ya se han anunciado los bombardeos y el presidente los reúne ahí para decirles que no quiere héroes inútiles, que él permanecerá en La Moneda, que ellos deben irse. Pedirá una tregua para que todos puedan salir, no es necesario que ninguno se sacrifique. Todos lo escuchan con atención, pero ninguno acepta. Nadie quiere abandonarlo.

Otra imagen que aún se sostiene en el recuerdo del doctor es la de un grupo de hombres refugiados bajo una mesa. Él se encuentra ahí, con ellos. Los aviones bombardean La Moneda. Hay polvo y hay humo y todo se está viniendo abajo.

En algún momento del después (porque esto debe haber sido después), el presidente les dice que no hay negativa posible. Se entregarán, de lo contrario esto será una matanza. Saldrán todos en fila con una bandera blanca.

La primera en salir es la Paya, secretaria y amante del presidente. El doctor Jirón decide ser el último. Todos bajan, mientras los militares entran al primer piso de La Moneda. Al encontrarse con quienes bajan la escalera, comienzan a golpearlos brutalmente. Entre los golpes, un disparo seco se escucha desde uno de los salones del segundo piso. En medio del caos, del polvo, del humo, de los golpes, el doctor cree comprender lo que ese disparo significa. Allende no se iba a entregar, nunca estuvo en su mente la idea de abandonar La Moneda. El presidente ha muerto, grita alguien, y el doctor Jirón deja la fila para correr a verlo. No hay militares en el segundo piso, todavía no han subido. El doctor puede moverse en libertad y, finalmente, ver lo que vio.

Sentado en un sillón, dando la espalda a la calle Morandé, yace el cuerpo del presidente Salvador Allende. El arma en el suelo y su cabeza completamente partida. Esa imagen, humeante, silente, quebrada, espectral, se traga todo antes y todo después en la memoria del doctor Jirón.

¿ Tiene silencios la historia ?

3

A POCAS CUADRAS DE LA MONEDA, en la esquina de la Alameda con calle Santa Rosa, vivía una joven mujer, cuyo nombre no develaré, pero que en este escrito será M. Comenzaban los setenta y M se había trasladado desde el sur de Chile al centro de Santiago junto a su marido para, en esa esquina de la Alameda con Santa Rosa, apostar por un inicio. El compromiso político con la Unidad Popular y las ganas de armar una familia los mantenía entusiasmados con aquel presente. El primer hijo nació ahí, en esa esquina céntrica. Con él a cuestas fueron muchas veces a pasearse frente al palacio de gobierno a ver al presidente, que tanto admiraban, saludar desde algún balcón. Sin embargo, cuando llegó el 11 de septiembre de 1973, todas las imágenes que observaron desde esa esquina que habitaban, los llevaron a replantearse la decisión que alguna vez tomaron. Los disparos, los gritos, las detenciones, los golpes, el miedo y la imagen de La Moneda en ruinas, a tan poca distancia, silente, humeante, quebrada, espectral, todo parecía gritarles que abandonaran ese lugar, que ya nada tenía el sentido de antes. Rápidamente M tomó la decisión.

Quería seguir en Santiago, pero necesitaba trasladarse lo más lejos posible de ese escenario. Arrendaron una casa en un barrio periférico, en una población nueva, y hasta allí se trasladaron en cuanto pudieron.

Lejos del humo y los disparos, lejos del cadáver expuesto de La Moneda, quisieron poner un punto final al horror de esos meses.

¿Se puede elegir el final de la historia?

¿Cómo sabemos que terminó?

¿Termina alguna vez?

La hermana menor de M, otra joven sureña a la que llamaré L, se trasladó a Santiago tiempo después del bombardeo a La Moneda. Entusiasta, también venía con su esposo para comenzar una nueva vida en la capital. Compraron un terreno al lado de la nueva casa de M, lejos del centro, en la periferia. Era un terreno muy barato porque, más que un terreno, era un verdadero hoyo de tres metros de profundidad que había que rellenar para poder iniciar una construcción. Entonces la misión de la joven L fue juntar dinero para rellenar el terreno y luego lanzarse a construir su anhelada casa. Con este objetivo, L encontró trabajo como camarera en un bar céntrico, a una cuadra del cadáver, todavía expuesto, de La Moneda.

Cierto día, un grupo de hombres comenzó a almorzar en el local donde L trabajaba: eran los camioneros encargados de sacar los escombros de La Moneda. La Junta Militar había dispuesto su remodelación pues Augusto Pinochet quería instalarse en el palacio, como el resto de los presidentes de la historia del país. Pero para que eso ocurriera, lo primero que había que hacer era despejar los escombros. Así, a diario llegaban los trabajadores que paleaban y limpiaban, lanzando, en los camiones, los despojos. Fierros, madera quemada, cemento, adoquines rotos, baldosas quebradas, clavos chamuscados, vidrios, pedazos de ladrillo, restos, puros restos. Y entre carga y descarga, los hombres se tomaban algunas mesas del bar para comer.

L preguntó dónde iban a dar todos esos escombros que a diario sacaban. Si no era un problema para ellos, L tenía un lugar que podía acoger, con un muy noble objetivo, parte de esos restos. Los hombres hicieron el pacto con L y esa misma tarde fueron a dejar la primera camionada de escombros que rellenaría el terreno.

L, feliz, llamó a su hermana. Quería contarle de su logro y, además, pedirle que se hiciera cargo de recibir los escombros. Como M vivía al lado del terreno y estaba en la casa criando a sus hijos, que ya no era uno, sino que tres, podía chequear que el primer camión llegara a su destino.

Algo desconcertada, M aceptó el encargo. No tardó mucho en llegar el camión con los escombros de La Moneda bombardeada hasta prácticamente la puerta de su casa. M, que había huido de ese fantasma, que se había largado lo más lejos posible, salió a recibir a los hombres y vio cómo vaciaban el material en el terreno de su hermana. Fierros, madera quemada, cemento, clavos chamuscados, adoquines rotos, baldosas quebradas, vidrios, pedazos de ladrillo, restos, puros restos. Y en cada escombro que caía, M vio el relámpago de las imágenes que tanto quiso dejar atrás. Otra vez los disparos, los

gritos, las detenciones, los golpes, el miedo y el recuerdo
de La Moneda en ruinas, a tan poca distancia de aque-
lla esquina céntrica de la que huyó. Una Moneda silente,
humeante, quebrada, espectral. Ahí estaba todo, otra
vez frente a sus ojos. Todo y más.

El pasado de M chocó con su presente formando una constelación, un verdadero diálogo dialéctico. M se encontraba en la casa que había decidido habitar, lo más lejos posible del horror, con sus hijos jugando en el patio, con la alegría de que su hermana fuera a vivir junto a ella. Pero esa realidad se quebró.

Cada fragmento de La Moneda lanzado al vacío separó los tiempos que componían su historia, porque en esas imágenes que caían a la tierra se sedimentaban los estratos de una memoria involuntaria.

M había organizado su vida, también su historia, seleccionando lo que necesitaba para su relato. Había cosas que no quería recordar. Pero ahí estaba, y ahí estaría recordándolas de por vida, cada vez que pisara el suelo de la casa de su hermana. No importaba cuán lejos arrancara o cuánto se protegiera, esas imágenes siempre volverían.

No había forma de escapar.

¿ Dónde se ubica lo que no pasó?

¿ O lo que no sabemos que pasó?

¿ O lo que nos gustaría que hubiese pasado?

¿ Dónde comienza y dónde termina la historia?

¿ Qué es primero y qué después?

¿ Cómo podemos narrar la historia
                 sin que se nos venga encima ?

0

REDACTAR LA CONSTITUCIÓN DE UN PAÍS se trata, en parte, de escribir los límites que determinarán la forma de la historia. Ella señala a los protagonistas, releva lo que consideraremos grandes sucesos, los que deberemos aplaudir, los que deberemos recordar. Y, por supuesto, borra aquellos que debemos dejar atrás. Pautea los acontecimientos, marca la sensibilidad, el punto de vista, el cuerpo, la psiquis, el alma y la vida completa del elenco de la historia. La dictadura civil-militar lo sabía muy bien. Es por eso que luego del bombardeo a La Moneda suspendieron el uso de la constitución anterior para generar una nueva institucionalidad que partiera de cero. Para eso se creó una comisión de expertos que preparó un proyecto constitucional. Luego de años de trabajo ese texto fue sometido a la opinión de la ciudadanía el 11 de septiembre de 1980. No había registros electorales, no había legalidad para los partidos políticos, la oposición era ferozmente reprimida y, por supuesto, no había franjas de debate televisivo ni radial para quienes tuvieran una opinión diferente a la del régimen. El voto se reguló únicamente con un adhesivo en la cédula de identidad y con una marca de tinta en el pulgar de cada votante, lo que permitía sacar el adhesivo, limpiarse el dedo e ir a votar cuantas veces se quisiera.

Pese a todas las irregularidades, o más bien gracias a ellas, la Constitución de 1980 fue aprobada por una amplia mayoría. En marzo de 1981, siguiendo el curso de lo planificado, entró en vigor en el preciso momento en que La Moneda concluyó su restauración.

Era importante que todo calzara. Que el diseño de la historia fuera simétrico y ordenado. De hecho, la remodelación de La Moneda daba cuenta de ello. El planteamiento básico del proyecto, en la voz de sus responsables, se apoyó en la concepción original del palacio diseñado por Joaquín Toesca para la Real Casa.

Los escombros se limpiaron. Chile se abría al futuro con una nueva constitución, una nueva fachada para el palacio de gobierno y un nuevo presidente para el país: el dictador Augusto Pinochet Ugarte.

El mejor instrumento que ideó la dictadura para la proyección del régimen en el tiempo fue esa constitución. En ella se estipuló la transición a la democracia tal cual como la vivimos. Con un plebiscito, en el que se consultaría a la ciudadanía su deseo por la continuación del régimen, y con las posteriores elecciones presidenciales y parlamentarias, que ofrecerían al dictador Augusto Pinochet un lugar vitalicio en el Senado, cuando quisiera abandonar la comandancia en jefe del Ejército. Así, en 1990 la democracia chilena se restablece. Una democracia diseñada bajo los límites de la constitución dictatorial.

Hasta hoy, esa constitución dirige nuestras vidas.

Conmigo, en todos lados, verás la muerte.
Donde estés. Esa es mi condena.
Y mi única lucha armada.

Rodrigo Morales, *Duelo*

PHI Φ: 1.618

Estuve leyendo sobre los fractales. No estoy segura de haber comprendido bien, pero entendí que todo aquello que la geometría clásica dejó fuera por amorfo tiene un diseño fractal. La cara de la naturaleza es fractal. Una gota de lluvia, la hoja de un árbol, una flor, un río, el fuego, el humo, un escombro, la huella de un balazo, una mancha de sangre, todo tiene un diseño irregular, lejano a la linealidad, lejano al cuadrado, al triángulo o al rectángulo, que son las figuras angulares con las que el ser humano ha construido el mundo.

Estamos condicionadas por esa linealidad. Nacimos y crecimos en ella. Supongo que por eso nuestra percepción es lineal, nuestro pensamiento también y hasta nuestra manera de organizar la historia, Aristóteles mediante. Tenemos la fantasía de que el relato fluye hacia adelante en un tiempo donde todo se organiza en un inicio, un desarrollo, un clímax y un desenlace. Una línea recta lanzada hacia el futuro que, quizás, en algún momento encontrará el final. La realidad es inabarcable y para intentar darle un orden se la encierra entre límites.

¿Será que la historia está subordinada a la geometría?

El fractal, en cambio, es una forma rara. Una estructura que no calza, que no encaja, que tiene tanto de caos como de orden. De lo microscópico a lo macroscópico, del átomo a la galaxia, del suceso al recuerdo, del sueño a la realidad, todo se organiza de forma fractal.

Inclasificable, la forma fractal fue denominada como monstruosa por los antiguos, pero probablemente sea el reflejo de lo que somos. Si nos miramos a un espejo, no veremos ni una sola línea recta. Somos una mancha en el universo de Euclides. Seres fractales que habitamos un tiempo fractal, que vivimos una vida fractal. Por eso nos encontramos en esta encrucijada al momento de elegir un orden para la historia.

¿ Tiene forma la historia ?
¿ Tiene forma el recuerdo ?

No recordamos, escribimos la memoria como se escribe la historia y en ese ejercicio fracasamos buscando una linealidad inexistente, aferrándonos a límites y ángulos que la historia no tiene.

¿Cómo recordar la sed?

¿Cómo recordar el miedo?

¿Cómo recordar el deseo?

Si la historia tiene una forma, esta ha de ser la que deja un bombardeo. El resultado de una explosión cuyas esquirlas son disparadas sin dirección clara a través de todos los tiempos. Nos movilizamos por la energía de esa explosión demoledora y así tratamos de reconfigurarnos. Y hay humo y polvo. Siempre hay humo y polvo, porque la historia no es limpia y porque en ella no hay nada claro.

Caminamos entre las ruinas tratando de adivinar lo que pasó. Y leemos en los escombros el futuro como las gitanas lo leen en las hojas del té. Conversamos con los fierros torcidos, con la madera quemada, con el cemento, con los clavos chamuscados. Interrogamos a los adoquines rotos, a las baldosas quebradas. Hacemos testimoniar a los vidrios, a los pedazos de ladrillo, a los restos, a todos los restos. Porque sólo en ellos descubriremos lo que fuimos y lo que somos. Y con ceniza escribiremos, en una caligrafía que aún no inventamos, la verdadera historia. Una historia deforme, caótica, monstruosa, contradictoria, asimétrica, difícil de relatar.

Una historia en espiral, sin comienzo ni fin.

A la espera de eso, cargamos como un fusil aquellas imágenes que no vamos a olvidar. Las contenemos, las encarnamos. Y nos presentamos al mundo, exponiéndolas como una advertencia. Donde quiera que vayan, en nosotras verán el derrumbe, los escombros, el polvo y el humo.

Esa es nuestra condena. Y nuestra única lucha armada.

ÍNDICE DE IMÁGENES

N. de la E. Respecto de las fotografías, este libro no es una obra derivada.

Este libro está asociado al proyecto *Exhumar la memoria* de Francisco Medina Donoso. Bajo la pregunta *¿Qué pasó con los restos de La Moneda bombardeada?* se ha realizado una práctica duracional que abrió su proceso de investigación el 11 de septiembre de 2023, en el Centro Cultural Palacio de la Moneda, con una exposición y una intervención sonora.

La primera edición de
¿CÓMO RECORDAR LA SED?
fue impresa, cosida y encuadernada
en el taller de Andros Impresores,
situado en Santiago de Chile,
durante noviembre de 2023,
a 50 años del golpe civil-militar.

Nunca Más.